Made in the USA
Middletown, DE
26 October 2023

41404017R00061